वो पहली किरण

Rekha Boolchandani

BookLeaf Publishing
India | USA | UK

Made with ❤ on the BookLeaf Publishing Platform
www.bookleafpub.in
www.bookleafpub.com

Dedication

यह काव्य-संग्रह उन सभी लोगों को समर्पित है
जो कविता से प्रेम करते हैं,
जो शब्दों में भाव खोजते हैं
और भावों में अपना सा संसार बसाते हैं।

विशेष रूप से यह पुस्तक
मेरे जीवन के सबसे अनमोल आधार–
मेरे जीवनसाथी **कपिल**,
जिनका विश्वास, सहयोग और प्रेम
मेरी हर पंक्ति को संबल देता है;
मेरी प्यारी बेटी **मीरा** और मेरे प्रिय बेटे **अभिमन्यु** को,
जिनकी मुस्कान, मासूमियत और स्नेह
मेरी रचनाओं की सबसे सुंदर प्रेरणा हैं।
आप सभी के बिना
ये शब्द, ये भाव और ये सपने
कभी पूर्ण नहीं हो पाते।

Preface

कविता मेरे लिए केवल शब्दों का संयोजन नहीं, बल्कि हृदय की वह आवाज़ है जो अक्सर मौन में भी बोलती रहती है। इस पुस्तक में संकलित सभी कविताएँ मेरे अंतर्मन से उपजी हुई हैं—मेरे भाव, मेरे अनुभव, मेरे सपने और मेरी अनुभूतियाँ। ये कविताएँ किसी कल्पित संसार से नहीं, बल्कि मेरे अपने दिल की गहराइयों से निकली हुई सच्ची अभिव्यक्तियाँ हैं।

बचपन से ही मुझे कविताएँ लिखने से प्रेम रहा है। जब शब्दों में अपने मन की बात कहना कठिन लगता था, तब कविता मेरे लिए सबसे सहज माध्यम बन जाती थी। मेरी कल्पनाशक्ति हमेशा से ही प्रबल रही है, और कविता वह पंख है जिसने मेरी कल्पनाओं को उड़ान दी। भावनाओं को महसूस करना, उन्हें शब्दों में ढालना और फिर उन्हें कविता का रूप देना—यही मेरी आत्मा को सबसे अधिक सुकून देता है।

यह पुस्तक मेरे लिए केवल एक रचना-संग्रह नहीं है, बल्कि एक लंबे समय से संजोया हुआ सपना है, जो आज साकार हो रहा है। हर कविता मेरे जीवन के किसी न किसी पल की गवाही देती है—कभी खुशी की, कभी पीड़ा की, कभी आशा की, तो कभी आत्ममंथन की।

आशा है कि इन पंक्तियों में आपको कहीं न कहीं अपना ही प्रतिबिंब दिखाई देगा। यदि मेरी कविताएँ आपके मन को स्पर्श कर पाएं, आपके भावों से जुड़ सकें, तो मैं स्वयं को सौभाग्यशाली समझूँगी। यही मेरी लेखनी की सच्ची सफलता होगी।

Acknowledgements

इस काव्य-संग्रह को साकार रूप देने की इस सुंदर यात्रा में अनेक लोगों का सहयोग और प्रेरणा मुझे निरंतर मिलती रही है। सबसे पहले मैं **बुक लीफ पब्लिकेशन** का हृदय से आभार व्यक्त करती हूँ, जिन्होंने मुझे अपनी कविताएँ प्रस्तुत करने का अवसर दिया और मेरे शब्दों पर विश्वास किया। उनके सहयोग और मार्गदर्शन के बिना यह पुस्तक संभव नहीं हो पाती।

मैं अपने विद्यालय के सभी शिक्षकों के प्रति विशेष कृतज्ञता प्रकट करती हूँ, जिन्होंने बचपन से ही मुझे सीखने, सोचने और अपनी भावनाओं को अभिव्यक्त करने के लिए प्रोत्साहित किया। उनके संस्कार और शिक्षा मेरी लेखनी की नींव हैं।

मेरे परिवार का धन्यवाद, जिनका अटूट विश्वास, प्रेम और सहयोग हर कदम पर मेरे साथ रहा। कठिन क्षणों में उनका संबल और उत्साह ही मेरी सबसे बड़ी शक्ति बना।

मेरे मित्रों का भी हृदय से आभार, जिन्होंने हमेशा मुझे आगे बढ़ने की प्रेरणा दी, मेरी रचनाओं को सराहा और हर स्थिति में मेरा उत्साह बढ़ाया।

इन सभी के सहयोग, विश्वास और प्रेरणा से ही यह काव्य-संग्रह पाठकों तक पहुँच पाया है। आप सभी का यह स्नेह मेरे लिए अमूल्य है।

1. तुम...

तुम्हे क्या नाम दूँ?
क्या कहूं की तुम क्या हो?
बस इतना ही कहूँगी कि;
तुम्हारा साथ अगर मिल जाए,
तो उगते सूरज की लालिमा सा;
मेरा चेहरा भी निखर जाए,
पतझड़ के मौसम में भी;
बिन दस्तक बहार बिखर जाए...

तुम्हारी मुस्कान को देख,
मेरा हर दुःख शून्य हो जाता है;
तुम्हारा वो अजब सा सहस,
मुझे आत्मविश्वास से भर जाता है...

मेरे जीवन की प्रेरणा हो तुम,
ऊर्जा हो तुम मेरी;
जिन सासों से मेरा ये जीवन है,
हर सांस वो है तेरी...

जीवन के हर मोड़ पे,

तुम सदैव थे मेरे साथ;
हर अँधेरे को करते रौशन ,
हर पल हर लम्हे थाम के मेरा हाथ....

जब तुम मेरे सामने हो होते,
मेरा रूप और भी है खिल जाता;
तपती हुई भीषण गर्मी में फिर;
जाने कहाँ से है सावन आता...

तुम ही मेरा हर ख्वाब हो,
तुम ही हो मेरी हकीकत;
तुम्हारे बस इक साथ के बदले;
छोड़ दूँ मैं दुनिया की हर दौलत...

प्यासे के लिए तुम नीर हो;
तिनके के लिए किनारा;
मेरी बेरंग दुनिया को भी;
तुमने है अपने प्यार के रंग से संवारा...

नहीं पता तुम क्या हो, कौन हो,
क्या तुम भी इस दुनिया की इक माया हो?
पर अलग ना हो पाऊँगी मैं तुमसे,
क्यूंकि तुम, सिर्फ तुम ही मेरा साया हो......

2. मेरे गीत...

मेरे गीत हैं ऐसे;
कि मेरे अरमानों की इक धुंधली सी तस्वीर,
इनकी गूँज हैं वहां;
जहाँ जल है, गगन है और है समीर....

सागर की लहरों की सरगम से,
मैंने है सजाया इनका रूप;
इनके हर इक कण में है बस्ती;
मेरे अनुभवों की छाँव और धूप...

जब जब इन गीतों को मैंने है गाया,
संग मेरे है मग्न हुआ, इस धरती का भी साया;
मदहोश हवाएं भी खिलखिलाने लगीं;
चरों दिशाएं भी इसे गले लगा अपनाने लगीं....

भीनी सी खुशबु फिर, छा जाती चारों ओर ;
चुपके चुपके हो जाती फिर रात भी ये घनघोर;
संग मेरे गाने लगते तब ये चाँद और ये तारे;
आ बैठते साथ मेरे, प्रकृति के कई नज़ारे...

में खुश हूँ, बहुत खुश हूँ;
की मेरे गीत हैं ऐसे;
मेरी छवि, मेरी गति;
खुद मेरी ही तक़दीर....

3. चाय की वो चुस्की....

सुबह की ठंडक को मद्धम है करती,
मेरी चाय की प्याली, अक्सर मुझसे है लड़ती;
जिस दिन नज़र ना करूँ तरफ़ उसकी,
उस दिन कभी उबली, कभी ठंडी;
बस यूँ ही अक्सर मुझपर है बिखरती...

दिन अधूरा सा लगता है बिन उसके,
स्वाद का भी अंदाज़ा नई आता;
ओ मेरी थकान की साथी,
तेरे साथ के बिना अब मजा नहीं आता...

एक दिन यूँ ही जब बारिश हुई,
वो मुझे कुछ बदली सी लगी;
वह स्वाद था अदरक का या था कुछ और,
मेरी चाय की चुस्की मुझे कुछ नई सी लगी...

भीगे भीगे उन रास्तों को,
मेरे साथ मेरी चाय की वह प्याली भी निहार रही थी;
सफेद प्याली में कुछ साँवली सी दिखती वो,
लगा जैसे खुदपे आज, वो थोड़ा सा इतरा रही थी....

काश उस चाय की चुस्की को कभी,
मैं भी ये बता पाता;
उसके रोज़ के उस एक ही स्वाद पे,
मैं आज भी हूँ मर मिट जाता...

मेरे दिन की वह शुरुआत है,
मेरी रातों का आराम है,
ओ मेरी चाय की अनोखी सी चुस्की,
मुझ में हर पल है जो घुल जाता,
कुछ ऐसा है तेरा नाम !!!

4. चलो फिर इक बार बच्चे बन जाते हैं

चलो फिर इक बार बच्चे बन जाते हैं,
आज फिर झूठी मुस्कान नहीं सच्चे को मुस्कुराते हैं,
फिर से धुंधले होते सूरज के साये में,
आज शाम यारों के घर आँगन में बिताते हैं...
चलो फिर इक बार बच्चे बन जाते हैं॥

आज फिर एक बार मिलके दादी संग,
वो राजा-रानी की कहानी दोहराते हैं,
वो नानी के घर के नवाब बन,
माँ को फिर से सता, इठलाते हैं...
चलो फिर इक बार बच्चे बन जाते हैं॥

चलो आज फिर इक बार परीक्षा में गाड़ने झंडे,
किताबों के बीच ही सो जाते हैं,
वो पिताजी की कलम हाथ में उठा,
कुछ अधूरे सपने पूरे कर आते हैं...
चलो फिर इक बार बच्चे बन जाते हैं॥

चलो आज फिर से नोटों की गड्डी की जगह,

जेबों में चूरन की पुड़िया छिपाते हैं,
चलो साथ मिलके हम फिर उन बिसरी गलियों में,
नीम के पेड़ को छू आते हैं...
चलो फिर इक बार बच्चे बन जाते हैं||

चलो आज फिर इक बार जल्दी घर जाते है,
वो माँ के हाथ की बाजरे की रोटी, चटनी संग खाते है,
वो बैठ के अपनों के बीच इक बार फिर,
बीते दशक के कुछ गीत गुनगुनाते हैं...
चलो फिर इक बार बच्चे बन जाते हैं।।

चलो आज फिर इक बार बड़प्पन को भुला,
अपनों को अपनों जैसे अपनाते हैं,
मूँद के इन बनावटी आँखों को,
बचपन की सैर फिर से कर आते हैं...
चलो फिर इक बार बच्चे बन जाते हैं|||

5. आम आदमी...

रोज़मर्रा की ज़िन्दगी में,
गुज़र सालों के थकते रस्ते पर;
हर सुबह शाम धूल से खेलते क़दमों का,
यूं सिमटता हुआ ज़िन्दगी का सफ़र...

जहाँ पसीने की बूँद में गंध नहीं,
सुगंध है तिनका तिनका जुड़ती खुशियों की;
जहाँ हार-जीत सब एक समान,
और हर लम्हें में आहट है चुनौतियों की..

वो सिर्फ डब्बा नहीं है खाने का,
उसमे सिमटी है कहीं ममता, कहीं प्यार ;
वो जहाँ शाम ढलते ठन्डे पानी का गिलास,
है कराता गुदगुदाते अपनत्व का इज़हार...

वो जहाँ जेब में इक दस का नोट भी,
नयी उम्मीदों के लिए काफी है;
वो जहाँ हर थकान भरे गुस्से में;
रेशमी आँचल में लिपटी माफ़ी है...

ये साधारण सी पंक्तियाँ सिर्फ साधारण हैं,
और बात करतीं है कुछ आम सी;
की आम आदमी की ज़िन्दगी कुछ ऐसी है;
जहाँ छोटी छोटी खुशियाँ बिखरीं हैं बेनाम सी ....

6. मेरा अंश ....

आज अचानक अपनी धड़कन को,
किया महसूस मैंने दो बार;
आँखो से मेरी खुशियो के आँसू,
बहने लगे फिर यूँ ही बार बार...

ये कैसा अजब सा एहसास है,
कि जो छिपाए नहीं है छिपता;
ये आज मेरे आँचल में प्यार का सागर ,
क्यूँ आज समेटे नहीं सिमटता...

आज मुझे खुद मेरी ही पहचान,
क्यूँ बदलती सी दिखने लगी;
आज मुझे हर खिलती सी कली,
क्यूँ अपनी सी लगने लगी...

हया की इक मद्धम सी लहर,
मन को क्यूँ गुदगुदाती है;
चुप सी रहती मेरी आवाज़,
क्यूँ मन ही मन लोरीयाँ सी गाती है...

हर कदम पर आज ,
क्यूँ संभल जाने को जी चाहता है ,
सूना सा मेरा आंगन,
आज खिलखिलाकर मुस्कुराता है...

हर बड़ते दिन के साथ ,
मेरी छवि मुझे बदलती सी नज़र आई,
मेरी ममता के साए मैं मुझे महसूस हुई;
आज मेरे अंश की परछाई ....

7. रिफंड....

यहाँ पढ़े, वहाँ पढ़े,
लेट के, बैठ के और खड़े होके भी पढ़े;
अंक हमारे फिर भी ना आये,
भविष्य की कितनी ही चिंता अब हमें सताए...

माँ बोले नालायक,
पिताजी भी देते हमें ताने;
क्यों इतना पढ़के भी नहीं मिली हमे नौकरी,
ये भला हमारा भोला सा मन क्या जाने..

तनिक रुके हम जरा,
विचार हमने जरा गंभीर किया;
हम तो ना थे इतने बुद्धू, दोष तो भई है ये स्कूल का,
मन ने हमारे आख़िर, ये समझ ही लिया...

बस उठाया अपना झोला,
बालों को फिर हमने सवारां;
देखते हैं कैसे वापिस नहीं देता, सालों की ऐठीं फ़ीस,
दोषी स्कूल हमारा...

हाथ भी जोड़े, तो थोड़ी करी भी लड़ाई,
प्रिंसिपल हमारे बड़े चंट और अकड़ू;
फँसा के हमे हमारे ही जाल में,
चाल इक ऐसी चलायी...

बोले: "बेटा स्कूल की शिक्षा तो अमूल्य है,
कभी कहीं व्यर्थ ना जाए,
अपनी फ़ीस का जो करके आये हो इतना अच्छा हिसाब;
ये क्या जन्म से हो सीखके आये"...

अपना सा मुँह लेके जब लौटे हम,
लगा दिमाग़ ठिकाने और हमने ये जाना;
बड़ा समझे स्कूल को दोषी और ख़ुद को तिस्मारख़ान,
फ़िर भी ना हो पाया हमसे, ये अनोखा फीस का रिफंड कराना...

8. यादें......

यादें जीने का सहारा है,
बहती हुई नदी का सिमटा सा किनारा है;
अच्छी या बुरी, यादें तो बस यादें हैं...
चाहकर भी जो हो न पाए पूरे, कुछ ऐसे वादें हैं..

मिलन की कसक मैं तड़प मैं,
जब जीवन बेजान हो चले;
तो दर्द को मिलती है राहत;
यादों के कोमल आँचल तले....

अकेली तनहा ज़िन्दगी में भी,
यादें तो चहकती हैं;
बिन फूल बिन बाग़ के भी;
यादें तो महकती हैं...

सूने चेहरे की मुस्कान हैं,
यादें किसी अपने की पहचान हैं;
सपना हो या ख्वाब, चाहे जो भी हो नाम;
इनके साये ने किसी को किया आबाद, तो किसी को बदनाम...

चूड़ियों की खनक में, पायल की छनक में,
इनका अस्तित्व रहता है अमर;
ज्यों चाँद की याद में;
रात है जगती अनेकों पहर...

रेत की तरह बह जाती,
वक़्त की तरह बढ़ती जाती;
यादें तो बस यादें हैं;
कभी किसी की भी न हो पातीं...

9. मन की गहराई...

झुकी नज़रें जब उठीं,
सामने था गहरा नीला आसमान;
चीरती हुई तब हवाएं करती मन को और भी गहरा;
पूछती,
दिल की धड़कनें कुछ मुझसे;
मानों छूती जाती,
मेरे मन की हर उनछुयी गहराई ;
सागर तट पर मैं बैठा यूँ ही;
ढूंढ़ता सा हूँ किसी एहसास को;
क्या कहूं जब सागर की लहरें,
छू जाती मेरे इस मन को;
कोना कोना तब होता शीतल-पावन। ..
तब घुल जाता फिर मेरा ये मन,
गहरे बादलों में;
दूरतक ढूंढ़ती नज़रें;
देखती, जलती फिर,
मेरे मन की इस गहराई से;
क्या सच कहती है वह मेरी अंतरात्मा;
नहीं है गहरा ये सागर,
न ही गहरा है वो दूर तक फैला आसमान;

अगर सच में है कुछ गहरा,
तो वो है बस मन की ये गहराई...

10. छींक...

कभी गुदगुदाती, कभी तड़पाती,
नाक की गोद में हस्ती खेलती इक छींक;
कभी दिखाती है दिन में तारे;
तो कभी रात में नानी है याद दिलाती...

कभी तनके आती तेज आवाज़ सी,
कभी आती मद्धम जैसे हवा का झोंका;
हर उस जन की नाक में ये कर देती दम;
जिसने इसे दबाया या आने से है रोका..

छूँ छूँ करके जब आती ये छींक,
तब तन मन को जैसे इक सुकून है आता;
कभी सूखी कभी गीली सी ये बनती इक पहेली,
जिसे फिर ये दिमाग़ भी है कहाँ बूझ पाता..

शगुन अपशगुन भी सुना है दोस्तों,
कभी कभी झींक से है पहचाने जाते;
कभी बन जाती नज़ला, कभी बनती साइनस,
छोटी सी छींक को भी बड़े बड़े नाम हैं दिए जाते...

किसी के लिए बन जाती बीमारी,
किसी के लिए बस ठंड की इक निशानी है;
ये छोटी सी छींक भी दोस्तो,
कभी देती दर्द तो कभी करने आती बस छेड़खानी है...

11. वो थी मीरा...

भक्ति का वह इक रूप हैं,
श्री कृष्ण की है वो पहचान;
गेरुए रूप का अनूठा परिचय हैं वो,
हर नारी का हैं अभिमान...

वह मीरा है उस युग की,
जो इस युग में भी है जीवंत;
मन मंदिर में जिनके बसते हैं श्री हरि;
उनकी भक्ति है दिव्य और अनंत...

माया जिन्हें छू भी ना पायी,
विष का वो प्याला फिर कैसे उन्हें हराता;
सांसें जिनकी लेती बस कृष्ण नाम;
दुख भी उनके मुख पे आ खिल खिल जाता...

जिसे ना बाँध पाया कोई बंधन,
जिसने ना समझी कोई मर्यादा;
ये कैसा प्रेम है मीरा बाई का,
हर कदम पर है जिसे उसके कान्हा का सहारा...

बचपन था उनका कृष्ण,
कृष्ण ही रहे सदैव उनकी परछायी;
वो मीरा थी बस अपने कृष्ण की प्यारी,
जो कृष्ण की होके कृष्णा में ही समाई...

12. दुल्हन....

सेज पर बैठी है वो,
हर सुंदरता को खुद में समेटे;
लज्जा के परिधान में लिपटी,
जिसकी झुकी झुकी नज़रें बेचैन हैं;

जिसके होठों पर ख़ामोशी है,
हलकी सी मुस्कराहट को वो भला;
कहाँ छिपा पाती है,
अपनी मेहँदी की खुशबू में;
वो खुद ही खो जाती है..

अपनी चूड़ियों को खनकाकर,
वो कुछ कहना चाहती है;
उसे इंतज़ार है 'उसका',
जो उसका हाथ थमेगा;
जो इस रिश्ते को निभाने के लिए;
सिर्फ प्यार और विश्वास मांगेगा...

यही सोच वो मन ही मन इतराती है,
हाथों में अपने चेहरे को छिपा शर्माती है;

जब शहनाई की गूँज अचानक,
उसका ध्यान तोड़ती है;
और वह हया के सागर में लिपटी हुई;
फिर अपना आँचल ओढ़ती है...

उसकी आँखों का गहरा काजल;
खुद अँधेरे को चमकाता है,
हवा का झोंका आज खुद;
उसके गालों को सहलाता है...

सहेलियों के बीच बैठी वो;
कुछ गुमसुम सी नज़र आती है,
आने वाले प्रेम के सागर में;
बिन डूबे ही गोते कहती है...

आईने में अपना चेहरा देख आज;
वो खुद पर गुरूर करती है,
जिसका है आज उसे इंतज़ार;
पर क्यों उसके सामने जाने से डरती है...

आज उसका आँगन होगा पराया;
ये सोच जब उसे जगाती है;
तो ख़ुशी में बेस ग़म से वो,
अपनी आँखों से नीर बहाती है...

बचपन की यादों से सजा ये घर;
आज पीछे छूट जायेगा,

हर पुराना रिश्ता आज;
खुशियों के साये तले टूट जायेगा.....

आज उसे इक परायी दुनियां में जाना है;
अपने प्यार की खुशबू से नए आँगन को महकाना है,
अपनों से हस्ते-मुस्कुराते बिछुड़ने की;
ये कैसी घडी आयी है;
किसी अजनबी के साथ इक पल में बंध जाना;
यही तो होती इक दुल्हन की विदाई है....

13. और दिन थम जाए...

न पहाड़ हैं, न झरने हैं;
न नदी है, न हैं मौसम की वो बहारें,
फिर भी मुझ में भर जाते हैं इक उमंग;
कैसी जीवंत हैं ये सपने तुम्हारे...

कि मेरी चलती हुई सांसों को;
यूँ लगता है थामे है कोई,
कि मेरी झुकती हुई नज़रों को,
यूँ लगता है कि चुराए है कोई...

कि मेरी मुस्कराहट में आज फिर;
इक चहक सी देती है सुनाई,
कि खुद को देख आज फिर इतराये ये मन;
कि खुद में है दिखती मुझे बस तुम्हारी ही परछाई...

हाथों में पसीने का ये गीलापन;
तुम्हारी छुअन की ही तो निशानी है,
कि मीलों की ये दूरी आज कुछ नहीं;
ये तो वक़्त से साथ बह जाये, ऐसा पानी है...

काश, आज फिर चले वही हवा, छाये वही बादल;
और फिर से वही सावन का मौसम आए,
जहाँ तुम और मैं चले क्षितिज को छूने;
और हमारे क़दमों तले ये दिन यूँ ही थम जाए...

14. धूप का टुकड़ा ...

ढलती हुई शाम की;
बढती हुई सर्दी में,
वो लुप्त हो चला था;
इधर-उधर, आगे-पीछे ढूँढा उसे,
पर वो मेरे आंचल में जा छिपा था...

हर सुबह की पहली किरण के साथ;
मैं टकटकी लगाए बैठ जाती,
वो "धूप का टुकड़ा " कहाँ है?काश मैं उसे देख पाती...

हर सर्दी के मौसम में;
मैं कुछ घबरा जाती थी, .
बस धूप के उस टुकड़े के साथ ;लुका -छुपी खेला करती थी...

उसे कैसे बताऊँ;
वो मेरे लिए कितना ख़ास है,
उसे कैसे समझाऊं, इस ठण्ड में;
वही तो इक गर्मी का एहसास है...

वो मेरी बेचैनी पर खिलखिलाकर हँसता;

और फिर बदल में छिप जाता,
कभी अपना तेज बिखरकर;
यूँ ही मुझे सताता...

धीरे -धीरे जाती इस सर्दी में;
कुछ समझने लगी थी में,
में क्यूँ पल -पल घबराती हूँ ?
में क्यूँ मन को समझती हूँ ?
ये धूप का टुकड़ा तो मेरा है,मेरे आंगन में इसका बसेरा है... .

उसकी खामोशी जब मैंने समझी आज ,
कानों में गूंजी उसकी आवाज़ ,
"तुम मुझे क्यूँ ढूँढती हो ?
जबकि मैं तो हमेशा तुम्हारे पास हूँ;
जो गर्मी तुम महसूस हो करती,
उसमे छुपा ज्वलंत विश्वास हूँ...

तुम ढूँढती हो मुझे इस आकाश में;
में तो, इक झरोखे से आ जाता हूँ,
हर ढलती शाम के साथ,
तुम्हारे रोम - रोम में बस जाता हूँ... .

जिस दिन तुम मुझे पहचान गयी;
उस दिन तुम समझ जाओगी,
ये टुकड़ा जिसका अंश है;उस प्रकाशमान सूर्य को तुम पाओगी...

जो छिपता नहीं किसी बदल में;

जो रोशन होगा तेरे आंचल में,
उस दिन समझोगी तुम खुद को;
ये जीवन की सच्चाई है,
ये "धूप का ही तो टुकड़ा " है;जो बनता तुम्हारी "परछाई " है....

15. खो जाना चाहती हूँ...

जिस राह भी कदम बढाती हूँ;
हर मोड़ से मैं जुड़ जाती हूँ,
अपने क़दमों के हर इक निशां के साथ;
मैं भी खो जाना चाहती हूँ...

सागर किनारे बैठ अक्सर;
लहरों से खेला करती हूँ,
उस बहती हुई हवा में फिर घुलकर;
मैं भी खो जाना चाहती हूँ...

काले उमड़ते बादलों में;
रिमझिम बहती हुई बूंदों की,
राहत भरी उस ठंडक में,
मैं भी खो जाना चाहती हूँ...

सूरज की तपती गर्मी में;
तपती धरती, तपता अम्बर,
उस तपन में खुद को झुलसाकर,
मैं भी खो जाना चाहती हूँ...

आकाश में छिटके तारों से;
बिखरती है रौशनी जब जब,
उस रौशनी में रोशन होकर;
मैं भी खो जाना चाहती हूँ...

प्रेमी के प्रेम भरी नज़र से;
प्रेमिका में जब उमड़ती लज्जा है,
उनके उस मधुर प्रेम में,
मैं भी खो जाना चाहती हूँ...

संसार के हर इक रूप में;
हर छाँव में, हर धूप में,
मेरा अस्तित्व हो जाये अमर;
कुछ ऐसे खो जाना चाहती हूँ...

16. वो चिट्ठी आयी है..

मेरे दरवाज़े की कुछ टूटी कुछ जुड़ी कुण्डी पर;
आज फिर कुछ आहट सी हुई,
आँगन में नीम के पेड़ पर आज,
हवा से कुछ सरसराहट सी हुई..

मेरी बेचैन सी थकी नज़रों में;
इक हल्की सी चमक फिर जागने सी लगी,
आते हुए क़दमों की आहट से मेरी नज़रें;
उसकी दूरी को फिर नापने-सी लगीं...

क्या आज वो चिट्ठी आई है?
जिसका न जाने कब से है इंतज़ार,
जिसकी उम्मीद में है माँ ने जलाए;
मंदिर में न जाने कितने चिराग़...

जो मेरे बरसों की मेहनत के;
फल का एक स्वरूप है,
जो आज तक सिर्फ़ मेरे सपनों में ही थी,
उस सफलता का इक रूप है...

जिसकी कल्पना मात्र ही मेरे,
जीवन के पन्नों को यूँ पलटाती है,
कि मेरी हर परीक्षा में माँ के आशीर्वाद को,
वो सहसा ही याद दिलाती है...

मुझे याद आते हैं फिर वो क़दम;
जो पिताजी की उँगली थाम पाठशाला तक जाते थे,
जब इक फ़र्ज़ के नाम पर वो;
मेरा बड़े से बड़ा बोझ उठाते थे...

आज महसूस होता है वो बोझ;
मुझे ख़ुद अपने ही कंधों पर,
आज पूछती है पिताजी की छड़ी मुझसे;
क्या खरा उतरूँगा मैं अपने वादों पर?

कि फिर अचानक दरवाज़े पर हुई उस आहट ने;
नवचेतना मुझमें फिर जगाई,
मुझे मेरे क़दमों पर खड़ा करेगी जो,
क्या आज वही चिट्ठी है आयी ??

17. दो कदम बाकी थे....

बस दो कदम बाकी है;
जहाँ मैं हूँ और है मेरा वो अनमोल सपना,
जहाँ भूमि संतोष से होती है गर्वित;
जहाँ पाऊँगा मैं स्वाभिमान अपना...

बस दो कदम बाकी है;
जब होगा हर इक भय मेरे हृदय से दूर;
जब मिलेगी तन को चाँद सी शीतलता,
और आँखों में चमकेगा उत्साह का सूर्य...

बस दो कदम बाकी है;
और मेरी कलम लिखेगी खुद मेरी कहानी;
कि मेरे जीवन के पन्नों पर दिखेगी फिर,
मेरे परिश्रम और मेहनत की अमिट निशानी...

बस दो कदम और बाकी है;
जहाँ होगी फिर, हर इक मुश्किल आसान,
और तब जी उठेगी मुझमें दुनिया इक नई;
और तब मिलेगी मुझे, खुद अपनी पहचान....

18. बहुत याद आता है...

बरसों बाद देखा इन आँखों ने;
कि ज़माना कुछ ऐसे भी बदलता है,
वक़्त तो बहुत मिला हर एक को,
पर ये वक़्त आज काटे नहीं कटता है;
वो वक़्त को बेफिक्री से लुटाना, आज बहुत याद आता है...

घडी की टिक-टिक से ही बस;
सुबह और शाम का अहसास हो जाता है,
इस महामारी ने पूरे युग से जो छीना है;
आज़ाद परिंदों सा वो वक़्त,
वो खुली हवा में जीना, आज बहुत याद आता है...

सांस लेने पर लगी ये कैसी पाबंदी;
अपनों की दूरी से नहीं अब,
पास आने से मन घबराता है;
नकाब पहने इंसान खाये तरस इंसान पर;
खुली गलियों में आज़ादी से हँसना, आज बहुत याद आता है....

मशीनों से भरे इन मकानों में,
इंसान बेसूकूनी का जो वक़्त है आज बिताता;

तो कुदरत पे ज़ुल्म पर मूँदी थी जब आँखें,
वो खुद का इस कदर स्वार्थी हो जाना;
वो अहम् में भरा अस्तित्व, आज बहुत याद आता है....

समय के पहिये ने जो सीख है आज सिखायी,
चाह के भी उस से कोई मुंह नहीं फेर पाता है;
आज़ाद जीवन पे हक़ है हर जीव का,
ये सच आज जब मरे जज़्बातों को जगाता है;
तो इन्सानियत भूला इंसान, आज बहुत याद आता है.....

19. इक नई सुबह हुई...

लो थम गई रात फिर;
चादर पर फिर बिखर गई सिलवटें,
फिर तुम्हें देखा जब बिंदी को ढूँढ़ते हुए;
लगा हाँ, सच में अब सुबह हुई....

लो कमरे में घुस आईं ये सूरज की किरणें,
पूछा नहीं हमसे कि हम जागना चाहते हैं,
तुम जब बालों में पानी के मोती सँभालती दिखीं,
तो महसूस हुआ कि हाँ, सुबह हुई...

लो फिर कमरा महक उठा तुम्हारे उसी पुराने इत्र से;
रात हमारे बीच की दूरी कुछ धुँधली-सी लगी,
तुम्हारे चेहरे पर फिर से देख उस विश्वास की लाली को;
लगा आज ज़िंदगी की सबसे हसीन सुबह हुई....

20. तुम आए...

आज फिर धूप से मैं कुछ परेशान हूँ,
मेरा हाथ छोड़ मेरी मुस्कान कुछ हैरान हुई;
हाथों की उँगलियाँ भी कुछ सिकुड़ सी गईं,
खिली हुई कलियाँ भी कुछ मुरझा सी गईं;
फिर अचानक ही मौसम के अरमान खिलखिलाये,
जब दबे हुए कदमों से मेरे पास तुम आए....

हवा की नमी में भी कुछ थकान है,
बिन सितारों के चाँद भी आज हैरान है;
हवा के झोंके भी कुछ सोये से हैं,
जलते हुए जुगनू भी कुछ खोये से हैं;
फिर अचानक दिये नए उत्साह से जगमगाये;
जब नई उम्मीदों की रोशनी लिए मेरे पास तुम आए..

एक पल को जब मेरी उदासी आती है,
आँखों से केवल मुझे जब तलाशती है;
आईने से भी तब मैं लेती हूँ मुँह फेर,
कि मेरी सूनी सूरत हर पल मुझे सताती है;
तो हर उस पल मेरे होठ खुलकर मुस्कुराये,
कि मेरा हाथ थाम, मुझे अपनाने, मेरे पास तुम आए...

21. तुम्हारी सौंदर्या...

तुमसे मिलना भी एक इत्तेफ़ाक़ था,
मगर बहुत मीठा वो एहसास था,
जो तुमसे मिलकर मुझे हुआ था,
जब अनजाने ही तुमने मेरी भावनाओं को छुआ था...

हम जाने किस रिश्ते से साथ चलते गए,
धीरे-धीरे ह्रदय के सारे राज़ पिघलते गए;
मेरे ह्रदय के दरवाज़े पर,
कोई दस्तक दे रहा था;
हाँ, जानने में थोड़ी देर हुई,
वो तो तुम्हारे प्यार का सवेरा था...

अपनी ज़िंदगी को इतना रौशन,
मैंने तब पाया था;
मेरे जीवन में आई उस नई खुशबू ने,
मन के हर कोने को महकाया था;
मेरे चेहरे पर एक मुस्कराहट-सी खिली,
उस खुशी से, जो मुझे तुम्हारे साथ से मिली;

तुम्हारे ही साथ मुझे,

जीवन का हर पल बिताना है;
जहाँ तुम्हारी मौजूदगी का एहसास हो,
बस वही मेरा ठिकाना है..

तुम्हारे गीतों की मैं सरगम बनूँ,
बस यही मेरे जीवन की चाहत है;
तुम्हें इन शब्दों में क्या बताऊँ,
इसमें छिपी एक इक ठंडी सी राहत है..

खुद में तुम्हारी ही छवि,
अब मुझे आती है नज़र;
तुम्हारे कदमों के निशान हो जहाँ मेरे साथ,
चलना है बस उसी डगर...

तुमसे मिलने के बारे में सोचकर,
मेरा मन चंचल हो जाता है;
वो आत्मविश्वास जो तुम मुझमें हो भरते,
वो चाहकर भी नहीं संभल पाता है...

तुम्हें देखते ही झुक जाती हैं,
शर्म से नज़रें मेरी;
वो एक अजब-सा एहसास होता है,
जब तेज़ हो जाती है धड़कन मेरी..

तुम्हारी कामयाबी का सपना,
अब इन आँखों ने देखा है;
तेरे नाम से ही उभरती,

अब मेरे हाथों की रेखा है...

तुम जब कलम से लिखो,
तुम्हारी कविता मैं बन जाऊं;
संग तुम्हारे उसे,
मैं भी गुनगुनाऊँ...

तुम्हारे ख़ुशी के पलों में,
मैं तुम्हारे साथ मुस्कुराऊँ;
तुम्हारे हर दुःख के क्षण को,
मैं पूरे उत्साह के साथ अपनाऊं...

तुम मुझे बस ऐसे अपनाओ,
की बन जाऊं मैं प्रेरणा तुम्हारी;
इस जीवन पर्यन्त मैं साथ दूँ तुम्हारा,
और कहलाऊँ तब सौंदर्य तुम्हारी...

www.ingramcontent.com/pod-product-compliance
Lightning Source LLC
Chambersburg PA
CBHW070649240926
51846CB00003BA/845
* 9 7 8 9 3 7 5 1 0 2 6 9 4 *